김현영 시집

집으로 가는 길

시인의 말

 드디어 저의 첫 시집을 출간하게 되었습니다.
 이 시집은 저의 개인적인 경험과 감정들을 담은 작품들로 구성되어 있습니다.
 시를 쓰는 것은 저에게 있어서 일기처럼, 어느 날 불현듯 글을 쓰기 시작하면서부터 저의 과업 같은 일상이 되었습니다.
 시를 통해 감정과 생각을 표현하고, 언젠간 독자들과 소통하며 공감할 기회를 얻고 싶었습니다.
 이제 그 기회가 온 듯합니다.

 이번 시집을 출간하기까지 많은 분들의 도움과 응원이 있었습니다. 가족, 친구, 지인, 그리고 저의 글을 읽어주신 모든 분께 깊은 감사의 말씀을 전하고 싶습니다.
 특히, 이번 시집을 출간할 수 있도록 도와주신 출판사 분들께도 감사의 말씀을 전합니다.

여러분의 지원과 격려 덕분에 저의 작품이 세상에 나올 수 있었습니다.

저의 시를 읽어주시고, 공감해 주시는 분들이 있기에 저는 더욱 힘을 내어 글을 쓸 수 있습니다. 앞으로도 저의 작품을 통해 독자분들과 소통하고 공감할 수 있기를 소망합니다.

감사합니다.

엄지인 큰딸, 작은숙녀 둘째 딸, 어린 왕자인 아들,
 연로하신 부모님, 대들보 같은 언니, 버팀목 같은 동생.
 미안하고 감사하고 사랑해.

2024년 10월 가을 초저녁

시인의 말	2

1부 **들일을 끝내고**

시월의 바람	10
아침 이슬	12
들일을 끝내고	14
바다의 밤	16
바닷가에서	19
들꽃 1	20
가을에	22
비의 노래	24
11월의 아침	25
낙화	27
이른 시간	28
해돋이	30
비에 젖은 바람	32
겨울 이슬	34
겨울밤 1	37
호수의 밤	38
들꽃 2	41

비가 내리면	42
노을 단상	45
겨울밤 2	46

2부 창밖에 눈꽃이

창밖에 눈꽃이	50
낙오자의 노래	53
실향곡(失鄕曲)	54
목련이 사라졌네	56
디딜방아	57
허무가	58
허수아비	60
허세	61
밤의 유리창	63
정적 속의 싸움	65
다락방	66
낡은 양말	68
고독한 남자	70

울기등대에 서서	72
방랑	74
철길	76
바람이 불면	79
가을밤	80
서리에 젖은 아침	82
집으로 가는 길	84

3부 **그리움은,**

그리움은,	88
얼음꽃	91
봄소식	92
그리움 1	94
기다림	96
겨울 안개	99
복수초	100
바람꽃	103
그리운 날에는	104
한밤의 선율	106
춘화(春花)	108

한 잔 술	110
편지	112
섬, 이름을 새기네	115
서리꽃	116
그리움 2	118
야행	120
잃어버린 사랑에 대한 기억	122
영혼에 날개 달고	123
낙화(落花)	124
모순	126

1부

들일을 끝내고

시월의 바람

풀꽃향
허공을 적시고
달빛
창문에 서린다
내 그리움을 데리고
유리 속으로 스며든다

창 너머에
그대 걷던 오솔길이
내 그리움, 찬 손등에
가쁜 숨을 토한다

혹여 그대 기척일까
밤이 흐르는 소리
숨을 죽여 볼까

물이 흐르는 소리

아, 꺼진 땅에
지는 꽃잎

아침 이슬

하늘을 보며
마른 잎사귀에
웃음 수북이 던지며
숲속을 거닐고 싶어요

등 시린 햇살
으스러지도록 껴안으며
길 잃은 낙엽처럼
바람에 뒹굴고

하늘을 찌르는 나무와
폭포수처럼 떨어지는
목초 향이 가득한 그곳에
오랫동안 머물고

계절이 수없이 바뀌고
햇살이 겨우 숲을 뚫을 때도
아침 이슬, 그대와 둘이서
숲속을 거닐고 싶어요

들일을 끝내고

빛 잃은 하늘
몸 허무는 산
어둠 사위를 채운다

허공에 집 찾는 제비
들녘에 허리 펴는 농부
곤고함이 대지를 덮는다

산속 마을 호롱불
불빛 당겨 길 내어 간다
소망 하나 걸고서
맑은 이슬에.

바다의 밤

천둥이 어둠을 몰고 오면,
폭우가 떼 지어 빈 어선을 덮치고
바다 울음소리는
허공에 차오른다.

갈매기 날개 물살에 젖고
바람의 한숨 절망에 꺾이는데,
밤 속으로 사라진 뱃길을 좇아
어부의 눈은 아직도 잠들지 않는다.

바닷가에서

거기서 반나절을
물보라를 삼키며
돌담불을 절이네.
노을은 아침저녁
스몄다 가고,
숨 쉴 틈도 없이
몰아치는 태양 빛
조여오는 갯바람
비켜 앉은 바닷물
갯돌을 빛네.

들꽃 1

내가 너의 옷깃을 스치면
넌 파르르 풀 향을 떨치고
온몸을 돌아 얇은 가을로 간다.

내가 너의 온몸을 스치면
난 파르르 눈물을 담고
멀리 가버린 하늘을 적신다.

가녀린 바람은 노랗게 익고
붉어진 구름은 창문을 가리고
뜰 아랜 귀뚜리가 별을 문다.

가을에

늘 걷던 숲길
쪼그린 옹달샘
가지 끝 옹알이
뚬벙 떨어진 가을

낮은 소리 하나
바람 묶어 돌리는
가시 돋친 햇살
홀씨가 부서진다.

들녘은 야위어
빈속이 보이고
훌쩍이는 맥박은
성근 발목을 잡는다.

나는 옴팡지게

옷섶을 헤치고
하늘의 푸름을 품는다.
가슴 속 깊이까지.

비의 노래

햇살 구름에 가리고
풀잎 휘어 몸 구부리는데
도랑은 넘쳐흐르네.

개미집 찾아 땅속에 들고
흙을 헤집고 바위가 솟는데
산 빗물 헤치고 우뚝 서네.

11월의 아침

허수아비도 사라진 빈 들녘
서리 맞은 은행잎이
연둣빛 아침을 드리운다.

정적 속에 홀로 선 전주
차가운 바람이 스치자
풀잎에 또르르 구르는 이슬.

창문을 열자 멀어지는 가을 산
따스한 김이 찻잔에서 피어오르자
가슴에서 터지는 11월의 석류알.

낙화

갈대의 바람에도
꽃잎은 망설인다.

얇은 가을 햇살에
하늘은 멀어진다.

발목은 가늘어져서
그림자에도 흔들린다.

꽃잎은 별빛 좇아
바람을 물고 떨어진다.

질긴 그리움을
꽃잎 속 갈기에 꿰맨 채.

이른 시간

서리꽃으로 살짝 덮인
나무가 침묵하며 쉬고 있다
행인이 가지를 꺾자
들판이 술렁이고 새 한 마리 날아오른다.

들판이 술렁이고 또 한 마리
날아오른다, 그리고 사라진다
행인이 들판을 놓는다
그리고 나무 위로 하루가 들어선다.

해돋이

츠렁바위 서릿바람 품다
물보라 띄운 바다 건너
오열에 목맨 햇귀
수평선을 끊고 오라 하네.

갈매기는 붉은 허공을 돌고
토혈하는 태양을 쥔 해송은
선회하던 바람에게
바다를 넘으라 하네.

구름을 뚫은 토라진 빛은
하늘로 솟고 파도를 꿰어
섬으로 끌고 간 선박엔
질척한 아침이 떨어지네.

태양이 솟자, 바다는
황금빛 거북을 낳고
등 길 깊숙한 세월에
고랑을 세웠다 하네.

비에 젖은 바람

자작나무숲 바람은
어둠에도 깨어 있다.

잎새 뒤에 흐르는 비
숲이 흠뻑 젖는다.

어둠이 숲을 뚫고
사라진다.

겨울 이슬

한 섬 자락 꽃술에
밤의 눈물을 싣고
세상이 무거워
날이 새도록
통통거린다
하늘 저 너머로
새벽노을 지는데
게으른 몸 홀로
꽃밭에 앉아
시름을 놓지 못한다
차가운 숯향이
허공을 날아
바람 속으로 숨어
선율을 풀고 슬피 우는데
차디찬 꽃송이에

뜨겁게 피어나는
한 방울, 이슬

겨울밤 1

바람이 설렁이는 벌판에
초승달이 들어앉고
마른 풀숲 사이로
서릿발이 땅을 세우면
별똥이 불을 댕긴다.

호수의 밤

노을이 새색시처럼 오면
호수는 길게 누워
먼 하늘에 희미한 별을 품고
수줍게 불을 켠다.

구름은 살포시 하늘을 가리고
나뭇가지에 숨은 까마귀가
굵직한 소리로 기슭을 높이면
물결은 부드럽게 안개 자락을 편다.

안개 자락이 새벽이 오는
산등성이에 올라 햇발을 잡자
부끄런 호수는 발그레
바람을 붙들고 물살을 흔든다.

들꽃 2

해 저무는 언덕

달이 오는 기슭

바람도 구름도
스미지 않는 바위틈

가만히 들숨 쉬며
홀로 피다 지는

어린 하늘빛 닮은
조그만 꽃 한 송이

비가 내리면

홀로 젖은 들길을 찾아 나섭니다
물 안개에 흠뻑 젖은 낙엽이 벌판을
행여, 뛰지나 않을까 하여

맴도는 호수를 돌아
물방울 튀는 물결을 보며
낡은 찻집으로 비를 몰고 갑니다.

세상은 회색빛으로 하늘을 닫고
빗줄기는 광야를 메우고
꽃잎은 휘적휘적 날개사위를 폅니다.

손바닥 사이로 흔들리는 김이 새고
찻잔에 넘치는 시간이 지나도
들길은 젖은 채 호젓하게 나를 기다릴 터입니다.

노을 단상

골목에 해는 지고
서늘한 바람이
빌딩을 스치는데
속세의 모든 티끌을 모아
노을 홀로 타오르네.

마른 잎 한 장
나뭇가지에 걸어 두고
어두운 이야기들 모아
멀리 황혼빛을 당겨서
채색해보고 싶네.

겨울밤 2

하늘은 어둠으로 낮을 잃고
나는 굵은소금 같은 서리에
하루를 잃는데
개울 건너 암자 옆 대나무 숲에선
부엉이가 비어 있는 대나무 속을 긁어먹고
밤새 배앓이를 해댄다.

댓잎에 둥지 튼 바람이 놀라
허공 속으로 흩어지고
길 밝히던 어둠도 어디론가 사라진다.
나는 어둠을 쫓아 실터로 나와
벌판을 마주하고 코숭이 위로 핀
새벽노을을 당긴다.

2부

창밖에 눈꽃이

창밖에 눈꽃이

태양이 차가워
마음 외로워지고
달빛이 뜨거워
가슴 시려지는데

자는 바람 깨워
하늘에 날리며
손끝 간절히 모은다

겨울 무게를 털어내는
쌓인 눈 기지개 켜고
창밖에 꽃 움트는 소리

낙오자의 노래

하얀 철쭉인가
여명이 다가온다.
닭 홰치는 소리에
참았던 눈물이
터져 나오네.

쌀 씻는 손등에
떨어지는 슬픔
사라지는 소망
구르는 이슬에
햇살 저리도 밝은데.

실향곡(失鄕曲)

찔레를 꺾어
한 줌 입에 물면
푸르르면 다가서고
산 더욱 그윽하였지

가시에 찔린 손가락
엷은 피에 흐르던 따스함
우리 웃음은 더욱 향기로웠지

봄은 다시는 찔레를 기억하지 못하네
나는 이제는 고향을 기억하지 못하네
눈물 한 방울 내 가슴을 찌르네
아, 내 영혼이 우는 소리를 내네

목련이 사라졌네

뜨락에서 밤새
목련이 사라졌네
오월이 숨죽여 우네
폭풍이 휩쓸고 간
언덕에 올라
지나가는 바람에 묻네
그의 심장이 떠나간 곳을.

디딜방아

곳간 옆 외나무다리
새벽에서 새벽까지
하늘을 차고 땅을 치고

거칠어진 발꿈치
알갱이 쌓노라니
버짐 같은 세월에
휘어진 다리
달빛에 서럽다.

허무가

바람 되어 노래하리
나뭇잎 찢는 햇살과 더불어
빗방울에 튀는 흙 내음과 더불어
진한 침묵을 노래하리

소복 입은 낮달
잃어버린 그리움,
닳아버린 기다림
풀꽃이여, 내어다오
그대의 향기를, 내 한껏
사라진 옛날을 노래하리니

구름 되어 흘러가리
수평선에 떨어진 해, 붉은 노을
집 찾아 날아가는 산새 잡고

그 부리로 노래하리
석관 속에 누워 있는 미라를

허수아비

헐렁한 옷깃에는
한숨이 자욱하고
찌푸린 얼굴에는
노여움이 가득하네.

지는 해를 바라보며
그림자 홀로 길게 눕는데
바람 한 점 메마른
몸 둘레를 서성이네.

허세

무서리에
갈잎 녹아나고
마른 천장엔
찬바람 아우성
가난한 가슴에
내려앉는 대들보
창문엔 성애
이불엔 온기
새우등을 켠다.

밤의 유리창

유리창에 어른거리는 얼굴

어둠에 숲이 무너져 내리는데

삭정이 끝 바람 하나

가슴에 파고들어

파리한 실핏줄 솟구쳐

하늘에 별똥이 된다.

정적 속의 싸움

기척을 죽이고
불이 움직인다

까만 눈동자를 돌려
어둠이 적군을 응시한다

빛이 앞서가고
그림자는 뒤에 가고
팽팽한 적의(敵意)들
정적 속으로 사라진다.

다락방

햇발 그림자 치는 곳
바람 벽을 긁는 곳
깨진 유리창 너머
낡은 상자가 반긴다.

먼지에 놀란 웃음이
곰팡이 핀 기억이
낡은 사진첩 틈을 비집고
새어 나온다.

삼십 촉 전구엔
핏기를 잃고
총기를 잃고
빛, 깨어져 흔들린다.

엄마의 물레와 북엔
거미가 집 짓느라
긴 다리 뻗는다.
입가엔 독이 흐르고
우주는 하늘 찾아 도망간다.

낡은 양말

곤고한 몸을 휘감아
물거품이 춤을 추고
따스한 햇볕을 가로막아
바람이 시샘한다.

발목이 늘어난 만큼
발바닥이 닳은 만큼
싸우지만, 승산이 없다.

숨이 끊긴 정적 속에
홀로 긴 그림자,
곤고한 영혼.

고독한 남자

노을에 허물어지는 산을 등에 진
어깨가 슬픈 그 남자
바람은 그물처럼 펼쳐져 있고
손에 쥔 술잔이 위태롭다.

내가 본 그의 눈동자엔
빛 잃은 태양이 춤을 추고
가슴엔 시린 아지랑이가
꿈틀거린다.

골목 안으로 어둠이 연기처럼
스멀거리며 침범할 즈음
하늘은 그 남자를 안고
깊은 고독을 훔친다.

야윈 등으로 처연히 미끄러지는
미처 내리지 못한 버거움이
발밑 그림자로 위장한
지게가 뒤뚱거린다.

그 남자의 굳어진 손가락엔
자글자글한 나이테가 세월 속
생채기 굴곡진 흔적이
얇게 새겨져 간다.

울기등대에 서서

안개가 바다 품을 떠나네
여기에 솟는 것은 츠렁바위
저기에 누운 섬은 실망도(失望島)일까.

누굴 찾고 있을까
등대지기 목소리
지나는 구름 수평선을 지우고
잔잔한 파도 바다를 당기네.

바늘 햇살 무릎 아래 떨어지고
차가운 바람 눈썹을 밀면, 아,
코끝에서 파르르 떠는 기억 한 조각.

방랑

너의 하늘을 보며
길을 나섰다네.

구름이 요동치고
바람이 포효하는

너의 하늘을 보며
어딘가 머물 곳이

햇살에 꽃잎 뜯고
달빛에 잎새 적신

너의 하늘을 보며
걸음을 멈추지 않네.

철길

나는,
가만히 주머니에서 꺼낸다
손가락 사이로 떨어지는
물빛 같은 기억을

까르르 맑던 세월
기적소리 버리고
만날 수 없는 평행을 닦던
레일 위 눈부신 아지랑이

돌아서면 언제나
섭섭한 솔바람의
곰살궂은 소리가
희미한 산새

비 꽃이 내릴 때처럼
기억이 가슴을 적시면
나는 주머니에 손을 넣고
선로를 걷는다.

바람이 불면

들판에는 흩어진 구름 조각들
잿빛이 구겨진 채로 여기저기 뒹구네
그리도 바람이 부는 날이면
사방을 기웃기웃하여 본다네
마음 둘 곳 없을까
혹시나 하여

호수 가는 길
가로수에 걸린 휘파람들
허수아비 같은 내 몸속으로
홀연 산새 스쳐 가는 소리
가만히 물가에 다가선다
내 빈 가슴을 촉촉이 적시는 봄맞이 물결

가을밤

별빛이 도시의 지붕 위로 소나기처럼 쏟아지고
낮에 핀 꽃은 어둠 뒤로 눕는데
무언가 귀중한 것을 잃은 사람들이
차가운 온기가 뭉친 사춤 속으로 스며들어
뒹구는 낙엽처럼
하얀 그림자를 드리우고 울고 있네.

도시의 건물은 미풍에 숨죽이고 있는데
멀리 가물가물 이어지는 목맨 소리,
여치 울음소리, 어둑어둑 들녘
내 텅 빈 가슴을 울리네.
희미한 달빛 하나 빈 하늘을 헤매고 있는데
가을 속의 깊은 밤, 혼자 손으로 턱을 괴고 있네.

서리에 젖은 아침

검붉은 단풍잎 서리에 젖은 아침
까마귀 목쉰 소리에 깨는 골짜기
나는 어느 낯선 도랑길로 나선다.

개울물에 흐르는 것은 귀목나무 잎사귀
녹슨 종탑, 낮은 구름
바람이 내 뺨을 짧게 스쳐 간다.

홀씨 땅속 비집는 소리
잡초 뿌리 내리는 소리
목마른 가을에 나뭇가지가 손짓한다.

햇볕이 억새꽃에 쏟아지네
들녘에 꽂히는 무수한 햇살
나 홀로 허공으로 난 길을 걷는다.

집으로 가는 길

문득 떠오르는 기억이 있다
몰아치는 바람에 실려
별빛 쏟아지던 어둠 속에서
집으로 가는 길을 잃었던

나는 눈먼 유령처럼
어둠 속으로 떨어지고
이내 들판은 적막을 두고
홀연히 사라졌다.

바람은 세상을 더듬고
어둠에 묻힌 길을 여는
숨소리는 지척을 흔들고
지구 밖 떠도는 빛을 모았던

세상은 밝고
부드러운 햇살에 온몸을 씻고
바람으로 머리를 빗은 나는
집으로 햇살같이 스며든다.

3부

그리움은,

그리움은,

세상에 묻히고
세월에 쌓인
고통은,
햇살을 스치는
구름 같은 것.

바람에 찢기고
나뭇가지에 걸린
그리움은,
끊어질 듯
이어지는 숨결이어라.

노을을 태우고
땅속을 헤매는
지독한,

그림자의 질긴
몸속 기억인 것을.

얼음꽃

검은 구름 아래
누가 찬바람 불러들여
비수를 꽂아 놓았나

동산에 산새 휘파람 부네
허공에 아지랑이 피어나고
얼음꽃에 햇살이 찾아오네.

봄소식

봄비가 내리네
대지를 적시네
흰 눈 밟고 떠나간 그이,
혹여 되돌아올까
벚나무 가지마다
수액이 넘치네
눈물이 흐르네.

그리움 1

누구의 달이랴
어제의 오늘도
내일의 오늘도
하얀밤 바람결
고요한 문고리
댓돌엔 뜨거운
기다림 한바작
성가신 목마름
자리끼 비우고

설익은 봉창이
수탉을 깨우고
허기진 굴뚝에
배부른 연기가
헛웃음 보내며

허공을 맴돌다
차가운 햇살에
다락밭 능선을
헤집고 숨는다.

산자락 끝머리
아궁이 앉으며
노을빛 태우고
어둠을 긁으면
달빛은 하얗게
구름을 달구고
비워둔 하늘은
그대의 서러운
그리움 이었나.

기다림

달님이 아니 오시니
그대도 아니 오려나.

바람은 서산을 넘어
침상 아래 떨어졌건만
먼 길 떠난 그대는
아직 동구 밖 섬돌을
지나지 않았을까?

바람은 불지 않아도 시리다.
섶다리 냇물에 얼어붙고
그대 섬긴 나막신은
어이해 길을 데우지 아니한가.

홀로 새울 동짓달 긴 밤은

문풍지 뜯는 각진 동전에 저물고
어둠에 빛 찾는 수탉 홰치는데
이불 속 가슴 밤새 늙는구나.

겨울 안개

떠난 그대 숲에 뿌려두고
남은 이 남을진대
이내 가슴 이슬 되어
들풀에 앉았더니

하늘은 덮고 땅이 실은
뜨거운 한숨의 침묵
안갯속 꽃이 되어
새벽을 여는구나

햇살은 온 곳이 없는데
나무 사이 빛발은
누구의 그늘 되어
꽃잎을 따는가.

복수초

산기슭 얽매인 숲
빛살은 젖은 낙엽 위로
소복이 쌓이고
포근한 입김
서투른 기지개
빼꼼히 내밀고 온다.

겨우내 숨죽인
기다린 그대 소식
행여나 오늘 올까
지나는 바람에게
수줍게 묻고는
마중 갈 채비를 한다.

먼발치서 하늘은

하얀 어둠을 데려오고
가끔 부는 칼바람에
꽃잎을 다듬고
가슴엔 발그레한
꽃술로 향을 띄운다.

훈풍을 타고 올
그대를 기다리며
마냥 신난 몸짓으로
숲을 오르락내리락
들키지 않은 눈웃음
함빡 흘긴다.

바람꽃

너에게 가는 내 마음
빗방울 하얀 창문에 그리네
파르르 연둣빛 설렘
몽울몽울 열리네
실가지에 서린 그리움
바람에도 흔들리지 않네

그리운 날에는

일기장에 당신을 매일 묻어요
책 안에 읽던 곳 표시하는 것처럼
내 맘에 매일 갈피를 꽂아요.

새벽은 도둑 비에 젖어요
녹슨 종탑 십자가가 녹는 것처럼
그대는 내게 스며들어요.

한밤의 선율

한밤을 지새우며 너를 생각한다
떨어질 꽃잎인 줄 알면서도
노을에 빛바랠 줄 알면서도
달빛에 흔들릴 줄 알면서도

나뭇가지 흔들며 울어대는
슬픈 바람 소리에 끼어
주황빛 창문을 비틀며
가슴에 박힌 너를 꺼내본다

야청빛 어둠이 달을 베어 물고
슬그머니 자리 비우며 가는
스산한 골목 안 너의 선율에
또 하나의 밤을 긋고 간다

한밤을 지우며 너를 생각한다
차가운 봄볕에 겨울을 지우듯
새 녘 이는 너울을 다독이며
어제를 살포시 덮는다

춘화(春花)

하늘이 열리면
목마른 편지를
너에게 써야지

봄볕에 젖으면
이파리 접어서
너에게 보내고

꽃잎이 열리면
무채색 향기를
너에게 뿌리고

꽃술에 심어둔
마음을 싣고서
너에게 가련다

한 잔 술

하늘이 야청빛으로 야위어갈 무렵
더욱 창백해지는 그리움
바람을 불러 그대를 쫓는다.
깊어지는 밤 허리 잡아 지친 몸을 기대고
어둠의 뿌리 더듬어 내 빈 배를 묶는다.
술잔에 철철 넘치는 것은 허무이겠지.
초승달이 허공에 목을 걸고 울고 있는데
멀리에서 별빛 하나 적막을 가른다.

편지

유리창에 서려 오는 모습이 있어
내 떨리는 손으로 등불을 들어 다가가지만
밤 속으로 흩어지는 것은 스산한 어둠뿐

창가에서 물러나면 가까이 오는 별 하나
그 빛에 기대어 몇 줄 편지를 쓴다
그리움을 적어서
나를 떠난 그대에게

섬, 이름을 새기네

바람 한 점
갯바위를 넘어
해변에 모래톱을 짓는다
먼 곳엔 허술한 차림의 섬 하나

갯가를 서성이는 안개
바다가 부르면
물이 수평선을 넘는다
모래 위에 새겨진 세 글자
'그리움'

서리꽃

어둠이 환한 밤에 오시는 그대
햇살이 잔가지에 걸려 몸부림쳐도,
그늘진 그림자조차 게으름 피워도
작은 떨림으로 깨무는
아름다운 나의 신부

그리움 2

햇볕이 무겁다
빛살 당기는 어둠이 무겁다
빌딩은 빛을 토하고
빛은 강물에 흐느낀다.

갈참나무가 무겁다
새벽 당긴 짙은 안개가 무겁다
나뭇잎은 하늘을 가리고
하늘은 나무 위에 섰다.

바람이 몸을 떤다
숲길 덮은 나비 떼 날개를 떤다
뭇풀 사이로 빛은 떨어지고
빛은 땅을 핥는다.

그리움에 몸을 떤다
창밖 석류 빛 노을이 떤다
빌딩은 산을 숨기고
산은 어둠 위로 선다.

야행

희미한 침실 등을 켜자
열린 창으로 어둠이 밀려와
고즈넉하게 나를 안고
숨은 기억 속으로 밀고 간다

나는 아직도 그리움을 품고 있다
기억도 희미한 옛사랑에 기울어져
독백하듯 옛 시절을 읊는다.
굵직한 그리움으로 보낸 시절을

잃어버린 사랑에 대한 기억

희미한 침실 촛불을 켜면
어둠이 창틈을 비집고 들어오는데
내 기억의 늪에서는 아직도
숨을 몰아쉬고 있는 그리움 하나
영혼의 손을 뻗어 더듬어본다
철쭉 피어난 어느 봄날
개구리 울음소리에 묻혀버린
내 사랑을 찾아서

-남편 영면 12주기에(2011년)

영혼에 날개 달고

어디선가, 황사를 안은 돌풍이 불어와
뒷동산에 그토록 빛나던 철쭉을 모두 꺾어 놓던 날
읍내로 내닫던 자동차 한 대 언덕으로 떨어지자
먼지처럼 사라져 간 내 사랑, 지금 어디에

내 기억의 늪 언저리를 서성대는 그리움 하나 있어
희미한 침실에 촛불을 켜고
영혼의 등에 날개를 달아 본다
개구리 울음소리 이끄는 대로 떠나리라, 어디론가

-남편 영면 12주기에(2011년)

낙화(落花)

꽃바람이 불면
하늘에 심어 놓은
세포가 살아나
그대를 찾아가네
가슴에 넣어 둔
그대의 입술을

하얀 낮달이 뜨면
안갯속에 묻어둔
그리움이 살아나
그대를 찾아가네
영혼에 새겨 놓은
그대의 눈빛을

설렘을 앞세워

오월의 언덕으로 가네
새 소리, 옥돌 구르는 소리
맑은 햇빛, 기억의 파편
흩어져 내리네
망각의 강 위로

모순

피고 나면
꽃이 그리워라
기억의 파편이
가슴에 와 박히네
맥박이 함성이 되어
그대의 빈자리를
배회하네, 광녀처럼

집으로 가는 길

초판 1쇄 발행일 2024년 11월 22일

지은이 김현영
펴낸이 곽혜란
편집장 김명희
디자인 김지희

도서출판 문학바탕
주소 (07333) 서울시 영등포구 여의대방로 379 제일빌딩 704호
전화 02)545-6792
팩스 02)420-6795
출판등록 2004년 6월 1일 제 2-3991호

ISBN 979-11-93802-07-6 (03810)
정가 12,000원

* 이 책의 저작권은 저자에게 있으며 이 책의 전부 또는 일부를 이용하시려면 저작권자의 서면동의를 받아야 합니다.
* 이 책은 국립중앙도서관, 국회도서관 홈페이지에서 검색 가능합니다.
* 문학바탕, 필미디어는 (주)미디어바탕의 출판브랜드입니다.